LA FESTE
DE MIRSA,
BALLET-PANTOMIME,

De la composition de M. GARDEL,
Maître des Ballets du ROI,

REPRESENTÉE
POUR LA PREMIÈRE FOIS
SUR LE THEATRE
DE L'ACADÉMIE-ROYALE
DE MUSIQUE,
Le Jeudi 22 Février 1781.

———————

Prix 24 *sols.*

———————

A PARIS,
De l'Imprimerie de P. DE LORMEL, Imprimeur
de l'Académie-Royale de Musique, rue du Foin S.
Jacques, à Sainte. Genevieve.

On trouvera des Exemplaires audit Spectacle.

———————

M. DCC. LXXXI.
Avec Approbation & Permission.

YTh

PERSONNAGES.

MONDOR, *Gouverneur*, M. Dauberval.

Mde MONDOR, Mlle Dorlay.

MIRSA, Mlle Guimard.

LINDOR, M. Nivelon.

CHEF *des Sauvages*, M. Gardel, j.

LA FEMME *du Chef des Sauvages*, Mlle Heynel.

UN GRAND - PRESTRE *Sauvage*, M. Henry.

FRANÇAIS, *Chantants.*

Mrs Moreau, Duquénoi, Tirot.

Mlles Gavaudan, Joinville.

CHASSEURS & AMAZONES.

M^{rs} Le Doux, Abraham, Barré, Caster, la Haye, Clerget, Guillet, c., le Breton.

Mlles Henriette, Esther, Bernard, la Croix, Courtois, l., Gibassier, la Coste, de Peresse.

SAUVAGES.

Mrs HUART, LAURENT.

Mrs Simonet, le Bel, Hennequin, c.,
Coindé, la Rue, Hennequin, l., Largilliere,
Guingret.

Mlles GERVAIS, COULON.

Mlles Saulnier, Bigotini, Auguste,
Courtois, c., Darcy, Thiery, Desgravelles,
Neuville.

INDIENS & INDIENNES.

M. NIVELON.

Mlle GUIMARD.

*Les mêmes Personnages que les Chasseurs &
Amazones.*

QUADRILLES POUR LE BAL.

SCANDINAVES.

Mrs GARDEL, l., FAVRE.
Mlles THEODORE, DORIVAL.

ECOSSAIS.

Mrs HUART, VICTOR.
Mlles COULON, CREPEAU.

ANGLAIS.

Mrs MALTER, LAURENT.
Mlles GERVAIS, CARRÉ.

TROUPES FRANÇAISES.

MAJOR,	M. Gardel, 1.
OFFICIERS *de Gre-nadiers*,	} M^{rs}. Dangui. Tupti.
LIEUTENANT,	M. Le Roi, 1er.
PORTE - ENSEIGNE,	M. Duchesne.

Tambours.

Grenadiers.

Soldats.

Negres.

Musiciens.

JONGLEUR *Sauvage*, M. Carbonnel.

LA FESTE
DE MIRSA,
BALLET - PANTOMIME.

****

ACTE PREMIER.

****

Le Théâtre représente le Vestibule du Gouvernement : une Table à l'Angloise, sur laquelle est un dejeuner, en occupe le milieu ; plusieurs chaises sont rangées autour.

MONDOR entre avec sa femme. Il donne des ordres aux Negres qui le suivent ; dès qu'il apperçoit sa fille,

A

il fait retirer tout fon monde ; Mirfa, fuivie des Dames qui doivent chaffer avec elle, court embraffer fon pere & fa mere ; enfuite elle fe met à table, & déjeune avec fa compagnie : Mondor verfe le thé.

Plufieurs Officiers paroiffent avec Lindor en habit de chaffe, Mondor les engage à preffer le départ, afin que les travaux de la fête puiffent être achevés pour le foir.

Lindor excite les Chaffeurs & les Chafferefles à profiter du beau tems ; Mirfa fe léve ainfi que fes compagnons, & l'on prend congé de Mondor, qui embraffe fa fille & fon gendre ; Mondor refte feul.

Il fe félicite d'être libre, il appelle fes gens, & fait ouvrir les portes du Veftibule : on voit paffer des corbeilles de fleurs, des guirlandes, des couronnes & des décorations que l'on porte au jardin ; il tire de fa poche une chanfon, qu'il achéve avec enthoufiafme.

Madame Mondor revient , & fait voir à son Epoux l'habit de fête qu'on a préparé pour Mirsa ; il fait appeller un de ses Musiciens , & commence à répéter avec sa femme la *mariée* , qu'ils doivent danser le soir ; plusieurs ouvriers viennent chercher Mondor qui les suit après avoir donné ses ordres. Sa femme sort en même-temps que lui.

ACTE II.

Le Théâtre change, & représente le Rivage de l'Isle Cataracoui, dont les côtés sont couverts d'arbres. On y voit une Montagne, dans laqu'elle plusieurs ouvertures indiquent des antres profonds : elle est terminée par un rocher battu des vagues, au-dessus desquelles sa cime avance considérablement, on apperçoit au-delà du détroit, & sur l'autre bord, les fortifications du Fort Fontenac.

LE Grand-Prêtre, le Chef des Sauvages, sa femme & une foule de Sauvages des deux sexes arrivent & se placent pour rendre hommage au Soleil qui paroît sur l'horison ; ils font retentir l'air du son de leurs instrumens, & forment des danses pour célébrer le Dieu qu'ils adorent.

On entend une Muſique Militaire qui s'approche inſenſiblement, & l'on voit des barques qui voguent vers l'Iſle; le Chef des Sauvages ordonne aux femmes de ſe cacher dans les antres, & gravit avec précipitation juſqu'au ſommet de la montagne d'où il s'enfonce dans les Bois avec ſa troupe.

Les chalouppes abordent, on débarque, Lindor ordonne à ſes Soldats de ſe tenir à quelque diſtance de l'Iſle, afin d'éviter toute ſurpriſe ; les Chaſſeurs préparent leurs armes & entrent dans la Forêt où Mirſa les ſuit.

A peine les a-t'on perdu de vûe, que les Sauvages reparaiſſent & méditent d'enlever les femmes qui accompagnent les Chaſſeurs ; ils deſcendent en tumulte de la montagne, & ſe diſpercent pour exécuter leur projet ; leur Chef apperçoit un Bracelet à terre, c'eſt celui de Mirſa qu'elle a laiſſé tomber en débarquant ; il s'en ſaiſit, & s'en fait une parure en l'attachant à ſon collier.

On entend un bruit de Chasse qui
s'approche, & s'éloigne alternativement : Mirsa qui s'est égarée, revient
se reposer sur un lit de gazon, & veut
y contempler le Portrait de Lindor ;
elle voit que son bracelet vient de se
rompre ; au desespoir de cette perte,
elle se léve toute troublée dans le des-
sein de le chercher.

Le Chef des Sauvages s'avance, l'envie de la saisir s'empare de lui ; mais
voyant sa crainte, il cherche à la ras-
surer par une fausse douceur. Elle re-
connait le Portrait de son Epoux, que
porte le Sauvage, & le conjure de le
lui rendre ; il y consent, à condition
qu'elle le suivra : elle le repousse avec
horreur, lui arrache le bracelet, &
cherche à se sauver : mais il la pour-
suit, l'atteint & l'enléve.

L'Epouse du Chef des Sauvages ar-
rive, arrache de ses bras Mirsa, pres-
que morte ; la jeune personne reprend
ses sens, & remercie le Sauvage qui

favorise son évasion. Son Epoux fait éclater un violent dépit, insensible à ses tendres reproches, ainsi qu'à l'amour qu'elle lui témoigne, il lui commande de fuir sa présence : elle ne peut s'y résoudre, & semble désirer qu'un faible retour la mette dans le cas de pardonner l'injure qu'il vient de lui faire ; loin d'être touché de sa tendresse, il la rebute & lui jure qu'il l'abandonne pour toujours ; la malheureuse Epouse au dernier désespoir, prend une flèche, tend son arc, & veut percer l'ingrat qui l'outrage ; mais son cœur retient le trait, elle préfere la mort à la vengeance, & dirige l'arme contre son sein.

Le Chef des Sauvages ne pouvant résister à cette marque d'amour, revole à son Epouse, & lui arrache le trait fatal ; elle le regarde tendrement, & l'assure que ce n'est que pour lui qu'elle chérit la vie. Il la serre entre ses bras, en lui demandant un pardon qu'il ob-

tient fans peine. Au même inftant plufieurs Sauvages accourent avertir leur
Chef qu'ils font pourfuivis par les Chaffeurs, il s'arrache des bras de fa moi-
tié, s'empreffe de déterrer la hache,
raffemble fes fujets, & court fe retran-
cher avec eux.

Lindor fuivi de tout fon monde,
pourfuit les Sauvages. Le combat s'engage, Lindor ordonne à fa troupe de
mettre la bayonnette au bout du fufil,
tire fon couteau de chaffe, & attaque
le Chef des Sauvages ; ils fe battent
avec acharnement ; mais l'Américain
plus robufte, défarme Lindor, le fai-
fit, & va le frapper avec fa hache,
lorfque Mirfa & fes Compagnes vo-
lent, fe jettent entre eux : cependant
les Français qui viennent de mettre les
Sauvages en fuite, enveloppent leur
Chef, l'arrêtent & l'entraînent aux
chaloupes.

La femme du Sauvage accourt, cherche par tout fon Epoux, vole fur la

cime de la montagne , & l'apperçoit
fur une barque au milieu de Soldats,
ne doutant plus de fon malheur , elle
fe livre au défefpoir le plus grand , &
fe précipite du haut du rocher dans
l'eau , & gagne le Port à la nâge.

ACTE III.

La Théâtre repréfente la Place d'Ar-
mes de la Ville ; on voit dans le
fond le Gouvernement, & une Pri-
fon fur la droite.

LEs Troupes Françoifes avancent
en ordre , défilent , & fe placent fur
deux lignes ; Mondor vient les paffer
en revue, & donne l'ordre ; fa fille, fon
gendre & tous les Chaffeurs paroiffent,
fuivis du Sauvage : Mirfa fait part à fon
pere de l'aventure qui leur eft arrivée ,
& elle paffe dans le Gouvernement
avec fon époux & leur compagnie, on

charge de fers le Sauvage & on le conduit en prifon par l'ordre du Gouverneur qui fe retire dans fon Palais avec l'État major pour juger le Sauvage.

L'époufe du Chef des Sauvage accourt les cheveux épars, & tombe accablée de fatigue aux pieds de fon époux qu'elle voudroit arracher des mains des Gardes : fes fanglots & fes larmes peignent fon défefpoir : elle s'enchaîne à fon époux, & le fuit en prifon.

Le Major fort du Gouvernement avec la fentence du Sauvage : on dreffe par fon ordre un Bûcher, & le Major entre dans la prifon.

La Sauvage qui vient d'apprendre le fort de fon époux, fort de la prifon. Elle eft dans le dernier défefpoir ; elle veut entrer dans le Gouvernement, la fentinelle l'en empêche, furieufe elle revient pour s'élancer fur le Bûcher, où fon époux vient de fe placer ; il la reçoit dans fes bras : au même inftant Mondor revient avec l'État major ; il ordonne qu'on arrache la Sauvage du Bûcher , & qu'on y mette le feu. Déjà on exécute les ordres , lorſque Mirſa paroit avec ſa mere & Lindor. Elle reconnoit ſa bienfaitrice, s'élance au Bûcher, arrête ceux qui ſont prêts à y mettre les flâmes, & revient ſe jetter aux pieds de ſon pere dont elle implore la pitié pour ces malheureuſes victimes. Elle apprend à ſon pere qu'elle doit tout à cette femme Sauvage qui ſe jette à ſes pieds preſque morte. Mondor eſt ému : il fait grace aux deux époux, & l'on renverſe le Bûcher.

Plain d'admiration du procédé généreux de Mondor, le Sauvage lui prend la main , la poſe ſur ſa tête, & met à ſes pieds l'ornement de ſa dignité ; il l'engage enſuite à venir prendre poſſeſſion de ſon Iſle qu'il va lui ſoumettre à jamais : Mondor conſent à l'y ſuivre.

Le Chef des Sauvages part avec Mondor qu'une partie des Troupes eſcorte, tandis que Mirſa rentre dans le

Gouvernement avec la femme Sauvage
& ſes compagnes.

ACTE IV.

Le Théâtre repréſente un Jardin.

MOndor paroit ſuivi du Chef des
Sauvages & d'une troupe de Sauvages
des deux ſexes, qu'il fait placer pour
prendre part à la Fête ; il range les
Muſiciens auprès de l'appartement de
Mirſa, & il ordonne que la Fête
commence.

On tire des coups de canon aux ſons
des inſtrumens militaire, & l'on exécute une Symphonie à grand Orcheſ-
tre. Enſuite Mondor paroit conduiſant
ſa fille, & accompagné de ſon épouſe,
de Lindor & des Perſonnes invitées.
Mirſa ſuperbement parée fait connaître
à ſon pere les ſentimens que lui inſpi-
rent toutes ſes attentions. On vient lui

présenter un Bouquet , un Collier &
une Guirlande de diamants que l'on
ajoute à sa parure.

Il se forme une tente sous laquelle
parait une Table de vingt couverts. Les
Convives se placent , & le Siege de
Mirsa est marqué par un Baldaquin.
La Musique exécute le Chœur suivant :

Pour Mirsa tout ici s'empresse ,
Elle embellit cet univers :
    A nos concerts
Que l'amitié l'intéresse ,
Que son nom répété sans cesse
Soit l'ornement de nos vers !

Le tendre amour sur ses traces
Pour l'admirer est sans cesse arrêté ;
    Il croit voir le portrait des Graces,
    Mais il le trouve un peu flatté.

Heureux celui qu'elle préfere :
L'amour n'a point de nœuds plus beaux,
Mais puisqu'un seul a su lui plaire,
Que la douce amitié console ses rivaux.

(*On danse tandis que Mondor remet les Couplets suivants que l'on chante alternativement avec le Chœur.*)

Air : *Des Triolets.*

De Mirsa c'est la Fète :
Les myrtes qu'on apprête
Pour couronner sa tête,
L'amour les assembla.
Sa main les placera,
Quand on fête Mirsa,
C'est toujours lui qu'on fête.

Un jour qu'à sa propre gloire
    Il pensa,
Voici le plan de victoire
    Qu'il traça,
Il prit conseil à Cythere,
    De sa mere,
Et pour créer l'art de plaire,
    Fit Mirsa.

Il la prit pour son éleve,
Son orgueil en fut flatté,
Dans Mirsa l'esprit acheve

Le charme de la beauté.
Aimable & fincere
Par caractere,
Elle fait de plaire
Sa moindre affaire,
Jamais fon cœur ne differe
S'il faut faire
Des heureux.
Quel Spectacle pour un pere !
Pour l'objet de fes vœux ,
Chacun a fon cœur & fes yeux ,

Un tendre pere
Revit dans fes enfans ,
Leur gloire eft chere ,
Et nous rend nos beaux ans ,
C'eft le falaire
Des foins les plus touchants ;
On fête un pere
En fêtant fes enfans.

Le dernier Couplet attendrit tellement Mirfa, qu'elle fe leve avec tranfport, & fe jette dans les bras de fon pere qui la ferre étroitement en s'attendriffant comme elle.

La tente fait place à un Théâtre ri-
chement décoré, fur lequel on repréfente l'Acte fuivant.

ÉMILIE

ÉMILIE,

COMÉDIE EN UN ACTE.

B

ACTEURS.

BAINVAL, *Seigneur François retiré en Turquie*,　　M. Cheron.

ALY, *Chef du Serrail de BAINVAL*,　　M. Rousseau.

EMILIE, *jeune Esclave, fille de BAINVAL*,　Mlle St Huberty.

ORPHISE, *Esclave, Femme de BAINVAL*,　Mlle Châteauvieux.

DORVILLE, *Esclave, Amant d'EMILIE*,　　M. Lainé.

FEMMES *Esclaves*, } Mlles Girardin, l. Audinet.

La Scéne est à Constantinople, dans la maison de BAINVAL.

PERSONNAGES DANSANTS.

FEMMES *Esclaves*..

Mlle CECILE.

Mlles Muller, Thifte, Villette, Prud'homme, Darcy, Dorigé, le Grand, de l'Ifle.

ÉMILIE,
COMÉDIE EN UN ACTE

Le Théâtre représente un Sallon magnifiquement orné.

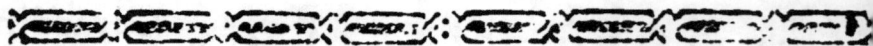

SCÊNE PREMIERE.

BAINVAL, ALY occupé à ranger le Sallon

BAINVAL.	ALY.
C'eſt ici que je vais la voir,	Mon maître à ce que puis voir
Que d'attraits ! Dieu ! qu'elle eſt belle !	Aime cette Eſclave nouvelle
Tout ici s'embellit par elle,	Que de dépenſe on fait pour elle,
L'Amour va combler mon eſpoir.	Que d'apprêts pour la revoir !

BAINVAL.
Tout eſt-il préparé pour elle ?

Bij

milie ,

A L Y.

Vous ferés content de mon zèle.

B A I N V A L.

As-tu pris foin de lui choifir
Les efclaves les plus jolies ?

A L Y.

Vingt beautés doivent la fervir,
Moi-même je les ai choifies.

E N S E M B L E.

C'eft ici que je vais la voir , &c.	Mon maître à ce que je puis voir , &c.

A L Y.

Et ce Sallon, vous en avés, je penfe,
Encor peu vu qui l'égalât ?

B A I N V A L,

Va, malgré fa magnificence,
Les charmes d'Emilie en terniront l'éclat.

A L Y.

M'eft-il permis, Seigneur, de vous ouvrir
mon ame ?

B A I N V A L.

Parle.

A L Y.

Depuis quinze ans que je vous fers ici,
Parmi tant de beautés qui briguent votre
flâme ,
Et dont votre Sérail par mes foins eft rempli,
Aucune encore n'avait paru vous plaire.
Par quel charme étonnant cette jeune étran-
gere
A-t-elle pu fitôt vous enflammer !
Que trouvés-vous. . .

B A I N V A L.

Elle eft Françaife,
Et tu peux t'étonner, Aly, qu'elle me plaife?
Cet heureux don de tout charmer,
Chés les Françaifes prit naiffance,
On eft belle par tout, par-tout on fait aimer,
Mais on ne fait plaire qu'en France,
Tu fais que j'y reçus le jour,
Un jeune objet m'y plut, au fortir de l'en-
fance ;
C'eft-là que je connus l'Amour !
J'aimais , j'étais aimé, l'on nous unit enfem-
ble.
Arraché de fes bras par un fort inhumain,

Je vins cacher ici mon malheureux deſtin ;
  Cette jeune Etrangere enfin ,
  A je ne ſais quoi qui reſſemble
Au vertueux objet dont mon cœur fut épris
A ſon premier aſpect interdit & ſurpris ,
Je me crus animé par une ame nouvelle ,
Je ſentis que mon cœur m'entraînoit auprès
 d'elle.

 Un ſeul inſtant a vaincu mon orgueil ;
 J'ai reconnu cette premiere flâme ,
 Que , ſans effort , & qu'au premier coup
  d'œil ,
 La tendre Orphiſe alluma dans mon ame.
 Elle a ſes traits , ſa modeſte douceur ,
 J'ai cru la voir , j'ai cru la reconnoître ,
 Dans ſes regards j'ai pris un nouvel être ;
 Je lui dois tout , elle me rend un cœur.

A L Y.

 Après une pareille ardeur
Je ne ſuis plus ſurpris de ce qu'on fait pour
 elle.

B A I N V A L.

Mais ce jeune Etranger , compagnon de ſon
 ſort ?

A L Y.

On les a pris ensemble ; une femme encor
belle
Descendit avec eux au Port.
Je sais que d'Emilie on la disoit la mere,
Elle est passée en d'autres mains.

B A I N V A L.

Je sors, fais entrer l'Etrangere,
Je lui viendrai tantôt expliquer mes desseins.
Je veux avant de paraître
Que les dons qu'on lui doit offrir
En ma faveur la puissent prévenir,
Qu'elle ignore, & le rang, & le nom de son
maître.
En devroit-on avoir, avec autant d'attraits?
Elle est belle, & je suis Français,
Je ne dois pas prétendre à l'être.

(*Il sort.*)

SCÊNE II.

ALY, EMILIE, *Troupe d'*ESCLAVES *vêtues magnifiquement, quelques-unes portent des corbeilles remplies de préfents pour* EMILIE.

ALY, à EMILIE.

CE Palais eſt à vous, vous faurés l'embellir,
　　Mon maître vous en fait hommage.

EMILIE.

Quelque brillant que foit le joug de l'efclavage,
　　Il n'eſt pas moins dur à fubir.

　　　　　　　　　(*On danſe.*)

CHŒUR D'ESCLAVES.

　　Que les plaifirs fechent vos larmes,
　　L'Amour vous remet fon pouvoir;
　Tout dans ces lieux eſt foumis à vos charmes,
　　mes,
Et vous donnés des fers aulieu d'en recevoir.

　　　(*On danſe & l'on offre des préfens.*)

UNE CORIPHE'E.

Commandés belle Emilie,
Nous reconnoiſſons vos loix ;
Quand on obéit par choix,
On obéit ſans envie.
Sur un droit bien mérité,
Votre empire ici ſe fonde
Dans tous les pays du monde
On doit ſervir la beauté.

(On danſe.)

EMILIE, aux Femmes du Serrail.

De l'hommage flateur que l'on daigne me
rendre,
Mon cœur à lieu d'être ſurpris,
Si c'eſt à la beauté qu'on donne ici le prix.
Vous avés plus que moi de droits pour y
prétendre.

(Elles ſortent.)

ALY.

Mon maître va bientôt ſe montrer à vos
yeux.

(Il ſort.)

SCÉNE III.

EMILIE, *seule.*

Par tout ce vain éclat, pense-t-on me sé-
duire ?
   Il rend mon sort bien plus affreux ;
Il me dit trop d'un maître, & l'espoir & les
  voeux.
      Faut-il que tout conspire
      A faire mon tourment ?
      Quel rigoureux martyre !
  J'ai tout perdu, ma mere & mon amant.
Dorville ? que fais-tu, loin de ton Emilie ?
Hélas ! elle touchait au fortuné moment,
  Où pour jamais elle allait t'être unie.

SCÊNE IV.

EMILIE, DORVILLE.

EMILIE.

J'Entends du bruit, je tremble... Ciel !
 c'est lui !
Dorville ! ah ! jusqu'ici, quel Dieu t'a pu
conduire.

DORVILLE.

L'Amour ; il sera notre appui.

EMILIE.

Ah fuis plûtòt ! quel espoir peut te luire ?
Si l'on te trouve ici, c'en est fait de tes jours.

DORVILLE.

Puisque je t'ai perdue,
 Je ne veux qu'en finir le cours ;
Mais je ne mourrai pas du moins sans t'avoir
vûe.

EMILIE.

Ah ! Dorville !

DORVILLE.

Emilie !

EMILIE.

Il faut donc nous quitter.

DORVILLE.

Nous quitter! quel arrêt! peux-tu l'exécuter?

EMILIE.

Ah! ne crois pas qu'Emilie
Puiſſe vivre loin de toi,

DORVILLE.

Tu dois conſerver ta vie.
Eh! n'eſt-elle pas à moi?

EMILIE.

Elle eſt affreuſe ſans toi.

DORVILLE.

Mais tu ſouffriras pour moi.

ENSEMBLE.

Grand Dieu! quelle barbarie?
Quel ſort! quelle affreuſe loi!

EMILIE.

Je veux tout découvrir à ce ſuperbe maître.

DORVILLE.

Non, cet aveu t'exposerait peut-être.

EMILIE.

Il n'importe.

DORVILLE.

Ah ! je n'y puis consentir,
Epargne à ton amant un cruel repentir.

SCÊNE V.

EMILIE, DORVILLE, BAINVAL, ALY.

BAINVAL.

UN Esclave auprès d'Emilie !
(*à* DORVILLE.)
Malheureux ! sais-tu bien qu'il y va de ta vie ?

EMILIE.

O Ciel !

BAINVAL.

Réponds ; qui t'amene en ce lieu ?

DORVILLE.

Je lui disais un éternel adieu.

BAINVAL.

Je faurai te punir (*à* ALY.) holà !

EMILIE, effrayée.

Qu'allés vous faire !

BAINVAL.

Me venger.

EMILIE.

Arrêtés, Seigneur, il eft mon frere.
(*à part.*)
Quelle impofture, ô Ciel ! mais elle eft né-
ceffaire.

BAINVAL.

Pourriés - vous me tromper ! non, je ne le
crois pas ;
Vous ne pouvés defcendre à des détours fi
bas,
Votre ame naïve & pure
Se refléchit fur vos traits
Sans fard & fans impofture
Elle eft comme vos attraits.

(*à* DORVILLE *qui s'éloigne,*)
Que faites-vous ?

DORVILLE.

Seigneur, je me retire,
Je craindrais...

BAINVAL.

Non , reſtés, ce que je vais lui dire
Ne pourra que plaire à tous deux.

DORVILLE, _à part._

Va-t-il me faire , ô Ciel ! confident de ſes
feux ?

BAINVAL, _à EMILIE._

Je prétends combler tous vos vœux.

EMILIE.

Ah ! mon plus grand bonheur ſerait de voir
ma mere
De tous les dons que vous pouriés me faire
Ce ſerait le plus cher & le plus précieux.

BAINVAL.

Eh bien ! vous ſerés obéie ,
Faire ᵥotre bonheur, eſt ma plus chere en-
ᵥrie.

(_à ALY._)

Allés ! à quelque prix qu'on mette ſa rançon,
Vous aurés ſoin d'y ſatisfaire.

EMILIE.

Ah ! Seigneur !

BAINVAL.

J'ofe encor y joindre un autre don.

DORVILE, *à part.*

Je tremble.

BAINVAL.

Heureux s'il peut vous plaire.

EMILIE.

Eft - ce la liberté ? c'eft le plus cher de tous.

BAINVAL.

Je perds la mienne fans me plaindre,
Puifqu'enfin je la perds pour vous.

EMILIE.

Seigneur,.... il eft fi dur de feindre,
Mes pleurs coulent encor quand je veux les
cacher.
Je perds tout ce qui me fut cher,
A peine encor ai-je pu me connaître,
Un feul jour vient de m'arracher
A mes parents, aux lieux qui m'ont vu
naître.

BAINVAL.

La Patrie eft partout , où l'on peut vivre
heureux.

EMILIE.

EMILIE.

Hélas !

BAINVAL.

On le ferait avec vous en tous lieux ;
Vous ne pouvez manquer de l'être.

DORVILLE, bas à EMILIE.

Ah ! crains de te trahir !

BAINVAL.

Diffipés votre effroi,
On va vous rendre votre mere,
Avés vous d'autres vœux à faire ?
Tous vos défirs feront des loix pour moi.

EMILIE.

Seigneur, & comment se reconnaître,
Des foins fi généreux & fi peu mérités,
Comment répondre à vos bontés,
Je ne fuis qu'une efclave, & vous êtes mon
maître.

BAINVAL.

Moi, votre maître ! ah ! ne le croyés pas,
Malgré les loix de ces climats,
De votre fort, du mien, mon cœur vous
fait l'arbitre ;
Je prétends par un plus beau titre.

C

EMILIE.

Oh Dieux !

BAINVAL.

Eh quoi !

EMILIE.

Seigneur....

BAINVAL.

Vous vous troublés ?

DORVILLE, *bas à* EMILIE.

Que vas tu faire ?

EMILIE.

Il faut... je ne puis.

BAINVAL.

Ah ! parlés.

EMILIE.

Seigneur , dès l'âge le plus tendre
J'avois perdu mon pere , il disparut du
   moins ,
   Depuis ce temps , malgré ses soins ,
   Ma mere n'en put rien apprendre.

BAINVAL.

(*à part.*)

Juste ciel ! quel rapport ! Et que viens-je
   d'entendre ?
   Mais éloignons une trop douce erreur.
(*haut.*)

Eh bien !

EMILIE.

Ma mere alors fit choix d'un gendre.
On lui promit ma main... & j'y joignis mon
mon cœur.

DORVILLE, *(à part.)*

O Ciel !

BAINVAL.

Et cet hymen ?

EMILIE.

Seigneur, pour le conclure ;
Nous retournions en France.

BAINVAL.

Ah ! mon cœur se raſſûre.
Puiſque rien n'eſt conclu, tout peut ſe ré-
parer.

DORVILLE, *(à part.)*

Dieux ! que va-t-il lui dire ?

BAINVAL.

Ecoutés, Emilie.
Il faut... non, rien de vous ne peut me ſé-
parer,
Ce nouveau ſentiment m'eſt plus cher que
la vie,

Je puis vous rendre tout , mere, parents,
  patrie.
Mais il faut qu'à son tour votre cœur sacrifie. . . . .

E M I L I E.

Ah ! que demandés-vous ?

B A I N V A L.

              Quoi , vous balanceriés !
Ce que je demande à vos pieds ,
Ignorés-vous...

E M I L I E, *vivement.*

    Je sais que vous êtes mon maître ;
Je connais mes malheurs & tout votre pouvoir,
Mais dépend-t-il de moi de changer tout mon
  être.

B A I N V A L.

A mon autorité je ne veux rien devoir ;
    Mais que du moins la raison vous éclaire,
Votre intérêt, celui d'une mere & d'un frere,
Tout de n'y plus penser vous impose la loi.
    (*à* DORVILLE.)
Je m'en rapporte à vous , jugés entre elle &
  moi.

D O R V I L L E.

    Qui ? moi Seigneur.

BAINVAL.

De cette chaîne,
Elle, ni vous, n'aurés point à rougir;
C'est par un nœud sacré que je veux lui tenir,
Quand je m'expliquerai, vous me croirés sans peine.

DORVILLE.

Je crois...

BAINVAL.

Refusés-vous d'appuyer mes projets?
Ce rival que je veux que son cœur sacrifie,
Eloigné, sans espoir de revoir ses attrais,
Se console sans doute, & peut-être l'oublie.

DORVILLE, *avec feu.*

Vous le connoissez mal : l'oublier ! lui ! jamais.

BAINVAL.

Que dites-vous ?

DORVILLE, *troublé.*

Seigneur...

EMILIE, *à part.*

Ma frayeur est extrême.

BAINVAL, à DORVILLE.

Vous vous êtes trahi, ce rival, c'eſt vous-
même.

DORVILLE.

Moi !

BAINVAL.

Vous.

DORVILLE.

Eh bien! oui, je le ſuis.
Ne puniſſés que moi d'une feinte innocente.
Frappés , terminés mes ennuis ,
Mais épargnés du moins une trop foible
Amante.

BAINVAL.

Je ſaurai vous punir.
Laiſſés - moi.

EMILIE.

Non, Seigneur.

BAINVAL.

Vous! ô ciel! Emilie !
Vous m'avez pu tromper !

EMILIE.

Ah ! que j'en ſois punie,

Si j'ai craint pour fes jours, fi j'ai pu vous trahir ,

Dorville en eft-il refponfable ?

B A I N V A L.

Qui ? lui !

D O R V I L L E.

Je fuis le feul coupable ;
La peine m'en eft due, & je dois la fubir.

DORVILLE.	EMILIE.
Sauvés ce que j'adore ,	Sauvés ce que j'adore ,
Son crime eft de m'aimer ,	Son crime eft de m'aimer ,
Le trépas que j'implore ,	Le trépas que j'implore ,
Seigneur, doit vous calmer.	Seigneur, doit vous calmer.

SCÊNE VI.

BAINVAL , EMILIE , DORVILLE ,
ALY,

ALY.

ON va vous amener la mere d'Emilie.

BAINVAL.

(*à ALY.*)　　　　　(*à EMILIE.*)

Attendés.　　Votre cœur eſt encore indécis.
Votre mere à jamais va vous être ravie,
Ou vous reconnaîtrés tous les ſoins que j'ai
　pris.

EMILIE.

Ciel !

BAINVAL.

Prononcés.

DORVILLE , à part:

O rigueur inouie !

EMILIE.

Ah !... qu'elle entre, Seigneur, il n'importe
à quel prix.

SCÈNE DERNIERE.

BAINVAL , EMILIE , DORVILLE , ORPHISE

EMILIE , se jettant dans les bras de sa mere ;
DORVILLE la suit.

MA mere !

ORPHISE.

Mes enfans ! est-ce vous que j'embrasse ?

BAINVAL , *à part.*

Quels traits ! quel son de voix !

DORVILLE , *à ORPHISE.*

Je vous embrasse , hélas ! pour la derniere fois.

EMILIE.

Unissés - vous à nous pour obtenir sa grace.

ORPHISE.

Sa grace... Eh ! que puis-je ?

(se jettant aux genoux de BAINVAL.)

Seigneur...

BAINVAL.

Ah! levés-vous! (*à part.*) sa voix a pénétré
mon cœur.

ORPHISE *fixant* BAINVAL *avec la plus grande émotion.*

Je ne sais où j'en suis, & mon ame égarée...

BAINVAL, *vivement.*

Eclaircissés le trouble où la mienne est livrée.
Répondés .. qui donc êtes-vous?

ORPHISE.

Seigneur, j'eus un époux,
Hélas! je m'en crus adorée;
Cet enfant malheureux cimenta notre amour.
Mais son pere aussitôt s'éloigna sans retour.

BAINVAL, *très-ému.*

Eh bien?

ORPHISE.

On assûrait que dans cette contrée,
Sous un nom différent... vous semblés
éperdu.

BAINVAL.

Il se nommoit...

ORPHISE.

Bainval.

BAINVAL.

Ah ! tout eſt reconnu.
Emilie eſt ma fille , & vous êtes Orphiſe.

EMILIE.

Se peut-il ?

ORPHISE.

Ah ! ma fille , embraſſés ſes genoux.

DORVILLE.

Ah ! ciel ! quelle heureuſe ſurpriſe !

EMILIE.

Mon pere !

BAINVAL.

De quel feu mon ame fut épriſe !...
Orphiſe me rendra ce que je perds en vous.

EMILIE.

Je retrouve en un jour & mon pere & ma
mere ,
    Ciel ! que de bienfaits à la fois !

BAINVAL.

Pour ajouter aux dons que le ciel veut vous
faire ,

Je vous rends à l'époux dont Orphife a fait choix.

DORVILLE *fe jette aux genoux de* **BAINVAL,** *puis d'*EMILIE.

Ah ! Seigneur !.. Emilie !..

E M I L I E.

O moment plein de charmes !
Dorville !

B A I N V A L.

Orphife !

O R P H I S E.

Cher époux !

E N S E M B L E.

Nous goûtons le fort le plus doux,
Un moment a tari nos larmes ;
Après de fi vives alarmes,
Quel bonheur fe répand fur nous !

Le Théâtre difparait & laiffe voir les Jardins décorés de chiffres, de luftres & d'ornemens de toute efpece ; au fond eft la façade du Gouvernement illuminée.

Le Bal commence par une Contredanſe, après laquelle Mirſa danſe avec
Lindor.

On entend une Marche, pluſieurs
Quadrilles s'avancent, font le tour de
la Salle, préſentent des Bouquets à
Mirſa, & danſent des Pas analogues
à leur coſtume ; Mondor exécute *la
Mariée* avec ſa femme, les Sauvages,
le bel Air de Rameau, & le Bal ſe
termine par une Contredanſe générale.

F I N.

APPROBATION.

J'A I lu par ordre de Monſeigneur le Garde des
Sceaux, le Programme de la *FESTE DE MIRSA*,
Ballet - Pantomime, dont on peut permettre l'im-
preſſion. A Paris, ce 21 Février 1781.

BRET.